D1725492

Dieses Buch gehört

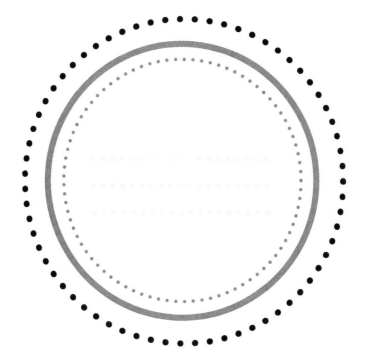

Bibliografische Information der Deutschen Nationalbibliothek:
Die Deutsche Nationalbibliothek verzeichnet diese Publikation in der Deutschen Nationalbibliografie;
detaillierte bibliografische Daten sind im Internet über dnb.dnb.de abrufbar.

Herstellung und Verlag:
BoD – Books on Demand, Norderstedt

ISBN: 978-3-7528-0455-3

www.erfolgstagebuch.eu

Build a life you're proud to live

DEIN ERFOLGSTAGEBUCH

MIT DEM DU SCHRITT FÜR SCHRITT DEIN PERSÖNLICHES MINDSET
MIT DEM FOKUS AUF FÜLLE UND ERFOLG ENTWICKELST

Werde Teil der Community

Für weitere Inspirationen, Tipps,
Tricks und einen großartigen Austausch mit
anderen Erfolgstagebuch-Schreibern,
melde dich einfach an in der
Facebook-Gruppe
"Build a life you're proud to live"

Ich freue mich auf dich!

Dein Wegweiser

Du bist das, was du im Kleinen tust.

Die Summe deiner Tage, die Summe deiner einzelnen Taten und deiner Gewohnheiten, die du für dich entwickelt hast, daraus ergibt sich dein Leben.
Ist also nicht jeder einzelne Tag wie ein eigenes kleines Leben? Was kannst du tun, um so viel Qualität wie nur möglich in dein Leben zu holen? Was kannst du tun, um das Beste aus jedem Tag herauszuholen?

Mit deinem Erfolgstagebuch erschaffst du dir eine tägliche Routine, die deinen Fokus auf Fülle, Lösungen und Möglichkeiten lenkt. Schritt für Schritt erlebst du, was dir gut tut, du reflektierst dein Tun und näherst dich deinem Ziel. Du hälst dieses unglaublich kraftvolle Werkzeug in deinen Händen. Nutze es.

Basis für deine tägliche Routine sind zwei Übungen, die du einmalig machst und die dir dabei helfen werden, deinen Fokus in die richtige Richtung zu lenken. Zum einen definierst du deine Ziele für die nächsten 1-3 Jahre und zum anderen erschaffst du dir ein kraftvolles Versprechen, das dich täglich daran erinnern wird, wie stark du bist und wo du hin willst. Blättere dafür einfach eine Seite weiter.

Auf deinem Visionsboard findest du Platz, um deine Ziele zu verbildlichen. Diese Seiten kannst du im Laufe der Zeit immer weiter mit Leben füllen und nach deinen Vorstellungen gestalten. Lass dich von deiner Collage inspirieren, motivieren und beflügeln, um deine Ziele mit noch mehr Leichtigkeit zu erreichen.

Ganz wichtig: Formuliere deine Absichten positiv und vermeide Verneinungen. Anstatt "ich werde das schlechte Wetter hinnehmen" schreib lieber "ich werde jedes Wetter genießen", anstatt "ich werde keine Angst haben" schreib lieber "ich werde mutig sein". Anfangs kommt dir das vielleicht ein bisschen komisch vor und du wirst dich um eine positive Formulierung bemühen müssen. Glaub mir, es lohnt sich. Es wird etwas mit dir machen, denn deine Worte werden zu deinen Taten, also wähle sie mit Bedacht.

Das, was du jeden einzelnen Tag tust, wird rückblickend dein Leben sein. Es liegt an dir, jedem Tag einen ganz besonderen Wert zu geben.

TRÄUME GROß! Du kannst ALLES sein.

Ich wünsche dir viel Freude beim Schreiben.

Meine Ziele

Was sind deine großen und kleinen Ziele für die nächsten 1-3 Jahre? Wie soll dein Leben aussehen? Wie ist die Qualität deiner Beziehungen und Freundschaften? Was tust du in deiner Freizeit? Wie steht es um deine Gesundheit und deine Finanzen? Welcher Arbeit gehst du nach? Und bevor du anfängst deine Vision aufzuschreiben, setze deinen Träumen noch eine Schippe drauf und halte dich an Friedrich Nietzsche, der sagte "Ziele nach dem Mond. Selbst wenn du ihn verfehlst, wirst du zwischen den Sternen landen."

Mein Versprechen

Schreibe hier dein Versprechen auf, das du dir von nun an jeden Morgen laut vorliest. Im Optimalfall machst du das mit Stolz geschwellter Brust und so laut, dass auch dein Unterbewusstsein und die letzte müde Zelle merken, es gibt keinen Weg zurück.
Sei dein eigener Motivations-Coach. Welche Gedanken geben dir Kraft und lassen dich deine Grenzen sprengen? Wie wäre es zum Beispiel mit: Ich bin ein Gewinner. Ich erreiche jedes Ziel, das ich mir vorgenommen habe mit Leichtigkeit. Ich ...

Mein Visionsboard

Dein Visionsboard hilft dir dabei, deine Wünsche, Träume und Ziele stetig vor Augen zu haben. Es hilft dir dabei, motiviert zu bleiben und deine Ziele zu verwirklichen. Sammle schöne Worte oder kraftvolle Übungen. Schneide inspirierende Zeitungsbilder oder Sprüche aus und klebe sie ein. Auf den folgenden Seiten kannst du deiner Kreativität freien Lauf lassen.

Mein Visionsboard

Mein Visionsboard

Meine tägliche Routine

Deine tägliche Routine hilft dir dabei, voller Energie, Fokus und Klarheit zu sein. Sie hilft dir dabei, den Tag voller Freude anzugehen und das Gute zu sehen, selbst wenn eine schwierige Aufgabe auf dich warten sollte. Nimm dir morgens und abends ein paar Minuten Zeit für dich, für deine Gedanken. Verknüpfe deine neue Routine möglichst mit Dingen, die du heute schon tust, damit sie noch schneller zu deiner neuen Gewohnheit wird. Wie wäre es, wenn du dich morgens nach dem Zähne putzen mit einem Kaffee oder einem Glas Wasser an dein Erfolgstagebuch setzt? Oder wenn du dir abends im Bett deinen Tag noch einmal durch den Kopf gehen lässt und ihn zu Papier bringst, bevor du das Licht ausknipst?

Meine Morgenroutine

Die Energie, mit der du in deinen Tag startest, setzt den Energiemaßstab für deinen ganzen Tag. Deine Morgenroutine ist unglaublich wichtig. Genieße diesen ersten Schritt, mit dem du deinen Tag und deine Gedanken in die richtige Richtung lenkst.

INTENTION: Welche Intention soll dich heute durch den Tag begleiten? Wie wirst du deinen Tag angehen? Soll es heute entspannter werden oder bist du voller Power? Welche Hürde möchtest du heute vielleicht mit Leichtigkeit angehen und gut bewältigen? Vielleicht hast du irgendwo ein tolles Zitat gelesen. Vielleicht möchtest du etwas loslassen. Welcher Gedanke soll heute dein Kompass sein?

DANKBARKEIT: Wofür bist du heute dankbar? Vielleicht ist es gute Gesundheit, ein Dach über dem Kopf, vielleicht der Kaffee am Morgen? Schreib hier so viel auf, wie nur möglich. Du kannst dankbar sein für Dinge, die in der Vergangenheit passiert sind, für das was jetzt ist und für das was kommen wird.

ZIELE: Auf einer der ersten Seiten hast du deine großen Ziele für die nächsten Jahre definiert. Halte dir diese Ziele immer vor Augen. Was kannst du heute schon dafür tun, um deinen Zielen einen Schritt näher zu kommen? Handle jetzt, heute, im Kleinen, damit du Schritt für Schritt deine großen Ziele erreichst.

Meine Abendroutine

Deine Abendroutine rundet den Tag ab. Sie hilft dir, den Wert jedes einzelnen Tages für dich herauszuarbeiten und deine Fortschritte deutlich zu machen.

ERLEBNISSE: Was hast du heute Tolles erlebt? Wo hattest du einen Erfolg? Wo hast du heute vielleicht etwas gegeben, wie ein Lächeln oder eine Hilfestellung?

VERBESSERUNGEN: Was hättest du heute besser machen können?

ERKENNTNISSE: Was ist deine wichtigste Erkenntnis von heute? Was hast du gelernt, über dich, über andere, über das Leben?

Meine Checkliste

Deine Checkliste hilft dir dabei, dich positiv auszurichten. Markiere, was du dir Gutes getan hast. Es geht nicht darum, Checklisten-Meister zu werden. Die Checkliste ist ein Werkzeug, das dir helfen wird, Gewohnheiten zu etablieren, aus denen du noch mehr Kraft schöpfen kannst. Hör auf dich selbst, tue was dir heute gut tut und mach es aus Freude. Was brauchst du, um das Beste aus deinem Tag herauszuholen? Gelegentlich schwankt unser Energielevel, was völlig normal und auch vollkommen in Ordnung ist. Aber vielleicht entdeckst du mit Hilfe deiner Checklisten der letzten Tage Zusammenhänge und merkst, was dir helfen könnte, um wieder in deine Kraft zu kommen. Wenn dir weitere Rituale oder Gewohnheiten gut tun, nimm sie gerne mit in deine Liste auf! Das ist DEIN Buch, DEINE Liste für DEIN Leben.

DATUM: Einen Platz für das Tagesdatum findest du auf der gepunkteten Linie.

VISUALISIERUNG: Visualisieren setzt enorme Kräfte frei und hilft dir dabei, deine Ziele mit mehr Leichtigkeit zu erreichen. Stell dir morgens nach dem Aufwachen deinen bevorstehenden Tag in Gedanken vor. Geh ihn wie einen Film in deinem Kopf durch, Schritt für Schritt, vom Aufstehen bis zum Schlafen gehen. Was werden dir heute für tolle Dinge passieren? Welche Wunder warten auf dich? Was möchtest du heute erschaffen? Auf etwas zu reagieren ist gut, aber noch besser ist es, selbst aktiv zu werden. Wo kannst du heute aktiv werden?

VERSPRECHEN: Dein persönliches Versprechen, das du einmalig ganz zu Anfang aufgeschrieben hast. Trage es jeden Morgen laut und mit stolz geschwellter Brust vor. Anfangs kommt es dir vielleicht noch ein bisschen komisch vor. Vertraue darauf, dass diese stärkenden Sätze sich mit der Zeit in dein Unterbewusstsein einbrennen und ungeahnte Energie in dir freisetzen werden.

BEWEGUNG: Bewegung tut gut, nicht nur deinem Körper, sondern auch deinem Geist. Vielleicht bedeutet Bewegung für dich einen Spaziergang zu machen. Vielleicht hast du pro Tag eine bestimmte Zahl an Schritten, die du erreichen möchtest. Vielleicht machst du auch Yoga oder übst einen Sport aus, der dir Freude bereitet.

2L+ TRINKEN: Ohne Wasser geht gar nichts im Körper. Es ist ein wichtiger Bestandteil aller Zellen. Wenn du heute aus deiner Sicht genug getrunken hast, Haken dran.

ERNÄHRUNG: Welches Essen tut dir und deiner Gesundheit gut? Hast du deinem Körper heute die Nährstoffe gegeben, die er braucht, damit er nicht nur für dich funktioniert, sondern du dich auch gut fühlst?

PAUSEN: Gönn dir eine Pause, lies ein Buch, leg dich auf die nächstgelegene Wiese, trink ganz gemütlich einen Kaffee. Wie auch immer du deine Pause verbringst, du wirst gestärkt daraus in die nächste Etappe starten. Also nimm dir die Pause, sie tut dir gut.

SCHLAF: Wenn du ausgeschlafen bist, bist du klarer im Kopf. Ausreichend Schlaf hilft dir dabei, mit mehr Leichtigkeit an deinen Erfolgen zu arbeiten.

Meine Intention für den Tag:

Ich bin dankbar für:

Um meine Ziele zu erreichen, werde ich heute:

1. ....

2. ....

3. ....

Besonders schöne Erlebnisse heute waren:

Das hätte ich heute besser machen können:

Meine wichtigste Erkenntnis von heute ist:

Meine Intention für den Tag:

Checkliste

Tag visualisiert
Versprechen verkündet
ausreichend bewegt
2L+ getrunken
bewusst gegessen
Pausen gemacht
ausreichend geschlafen

Ich bin dankbar für:

Um meine Ziele zu erreichen, werde ich heute:

1. ....

2. ....

3. ....

Besonders schöne Erlebnisse heute waren:

Das hätte ich heute besser machen können:

Meine wichtigste Erkenntnis von heute ist:

Meine Intention für den Tag:

Ich bin dankbar für:

Um meine Ziele zu erreichen, werde ich heute:

1. ....

2. ....

3. ....

Besonders schöne Erlebnisse heute waren:

Das hätte ich heute besser machen können:

Meine wichtigste Erkenntnis von heute ist:

Meine Intention für den Tag:

Checkliste

Tag visualisiert
Versprechen verkündet
ausreichend bewegt
2L+ getrunken
bewusst gegessen
Pausen gemacht
ausreichend geschlafen

Ich bin dankbar für:

Um meine Ziele zu erreichen, werde ich heute:

1. ....

2. ....

3. ....

Besonders schöne Erlebnisse heute waren:

Das hätte ich heute besser machen können:

Meine wichtigste Erkenntnis von heute ist:

Meine Intention für den Tag:

Checkliste

Tag visualisiert
Versprechen verkündet
ausreichend bewegt
2L+ getrunken
bewusst gegessen
Pausen gemacht
ausreichend geschlafen

Ich bin dankbar für:

Um meine Ziele zu erreichen, werde ich heute:

1. ....

2. ....

3. ....

Besonders schöne Erlebnisse heute waren:

Das hätte ich heute besser machen können:

Meine wichtigste Erkenntnis von heute ist:

Meine Intention für den Tag:

Ich bin dankbar für:

Um meine Ziele zu erreichen, werde ich heute:

1. ....

2. ....

3. ....

Besonders schöne Erlebnisse heute waren:

Das hätte ich heute besser machen können:

Meine wichtigste Erkenntnis von heute ist:

Meine Intention für den Tag:

Ich bin dankbar für:

Um meine Ziele zu erreichen, werde ich heute:

1. ....

2. ....

3. ....

Besonders schöne Erlebnisse heute waren:

Das hätte ich heute besser machen können:

Meine wichtigste Erkenntnis von heute ist:

Meine Intention für den Tag:

Checkliste

Tag visualisiert
Versprechen verkündet
ausreichend bewegt
2L+ getrunken
bewusst gegessen
Pausen gemacht
ausreichend geschlafen

Ich bin dankbar für:

Um meine Ziele zu erreichen, werde ich heute:

1. ....

2. ....

3. ....

Besonders schöne Erlebnisse heute waren:

Das hätte ich heute besser machen können:

Meine wichtigste Erkenntnis von heute ist:

Meine Intention für den Tag:

Ich bin dankbar für:

Um meine Ziele zu erreichen, werde ich heute:

1. ....

2. ....

3. ....

Besonders schöne Erlebnisse heute waren:

Das hätte ich heute besser machen können:

Meine wichtigste Erkenntnis von heute ist:

Meine Intention für den Tag:

Ich bin dankbar für:

Um meine Ziele zu erreichen, werde ich heute:

1. ....

2. ....

3. ....

Besonders schöne Erlebnisse heute waren:

Das hätte ich heute besser machen können:

Meine wichtigste Erkenntnis von heute ist:

Meine Intention für den Tag:

Ich bin dankbar für:

Um meine Ziele zu erreichen, werde ich heute:

1. ....

2. ....

3. ....

Besonders schöne Erlebnisse heute waren:

Das hätte ich heute besser machen können:

Meine wichtigste Erkenntnis von heute ist:

Meine Intention für den Tag:

Checkliste

Tag visualisiert
Versprechen verkündet
ausreichend bewegt
2L+ getrunken
bewusst gegessen
Pausen gemacht
ausreichend geschlafen

Ich bin dankbar für:

Um meine Ziele zu erreichen, werde ich heute:

1. ....

2. ....

3. ....

Besonders schöne Erlebnisse heute waren:

Das hätte ich heute besser machen können:

Meine wichtigste Erkenntnis von heute ist:

Meine Intention für den Tag:

Ich bin dankbar für:

Um meine Ziele zu erreichen, werde ich heute:

1. ....

2. ....

3. ....

Besonders schöne Erlebnisse heute waren:

Das hätte ich heute besser machen können:

Meine wichtigste Erkenntnis von heute ist:

Meine Intention für den Tag:

Ich bin dankbar für:

Um meine Ziele zu erreichen, werde ich heute:

1. ....

2. ....

3. ....

Besonders schöne Erlebnisse heute waren:

Das hätte ich heute besser machen können:

Meine wichtigste Erkenntnis von heute ist:

Meine Intention für den Tag:

Ich bin dankbar für:

Um meine Ziele zu erreichen, werde ich heute:

1. ....

2. ....

3. ....

Besonders schöne Erlebnisse heute waren:

Das hätte ich heute besser machen können:

Meine wichtigste Erkenntnis von heute ist:

Meine Intention für den Tag:

Ich bin dankbar für:

Um meine Ziele zu erreichen, werde ich heute:

1. ....

2. ....

3. ....

Besonders schöne Erlebnisse heute waren:

Das hätte ich heute besser machen können:

Meine wichtigste Erkenntnis von heute ist:

Meine Intention für den Tag:

Checkliste

Tag visualisiert
Versprechen verkündet
ausreichend bewegt
2L+ getrunken
bewusst gegessen
Pausen gemacht
ausreichend geschlafen

Ich bin dankbar für:

Um meine Ziele zu erreichen, werde ich heute:

1. ....

2. ....

3. ....

Besonders schöne Erlebnisse heute waren:

Das hätte ich heute besser machen können:

Meine wichtigste Erkenntnis von heute ist:

Meine Intention für den Tag:

Ich bin dankbar für:

Um meine Ziele zu erreichen, werde ich heute:

1. ....

2. ....

3. ....

Besonders schöne Erlebnisse heute waren:

Das hätte ich heute besser machen können:

Meine wichtigste Erkenntnis von heute ist:

Meine Intention für den Tag:

Checkliste

Tag visualisiert
Versprechen verkündet
ausreichend bewegt
2L+ getrunken
bewusst gegessen
Pausen gemacht
ausreichend geschlafen

Ich bin dankbar für:

Um meine Ziele zu erreichen, werde ich heute:

1. ....

2. ....

3. ....

Besonders schöne Erlebnisse heute waren:

Das hätte ich heute besser machen können:

Meine wichtigste Erkenntnis von heute ist:

Meine Intention für den Tag:

Ich bin dankbar für:

Um meine Ziele zu erreichen, werde ich heute:

1. ....

2. ....

3. ....

Besonders schöne Erlebnisse heute waren:

Das hätte ich heute besser machen können:

Meine wichtigste Erkenntnis von heute ist:

Meine Intention für den Tag:

Ich bin dankbar für:

Um meine Ziele zu erreichen, werde ich heute:

1. ....

2. ....

3. ....

Besonders schöne Erlebnisse heute waren:

Das hätte ich heute besser machen können:

Meine wichtigste Erkenntnis von heute ist:

Meine Intention für den Tag:

Ich bin dankbar für:

Um meine Ziele zu erreichen, werde ich heute:

1. ....

2. ....

3. ....

Besonders schöne Erlebnisse heute waren:

Das hätte ich heute besser machen können:

Meine wichtigste Erkenntnis von heute ist:

Meine Intention für den Tag:

Ich bin dankbar für:

Um meine Ziele zu erreichen, werde ich heute:

1. ....

2. ....

3. ....

Besonders schöne Erlebnisse heute waren:

Das hätte ich heute besser machen können:

Meine wichtigste Erkenntnis von heute ist:

Meine Intention für den Tag:

Checkliste

Tag visualisiert
Versprechen verkündet
ausreichend bewegt
2L+ getrunken
bewusst gegessen
Pausen gemacht
ausreichend geschlafen

Ich bin dankbar für:

Um meine Ziele zu erreichen, werde ich heute:

1. ....

2. ....

3. ....

Besonders schöne Erlebnisse heute waren:

Das hätte ich heute besser machen können:

Meine wichtigste Erkenntnis von heute ist:

Meine Intention für den Tag:

Ich bin dankbar für:

Um meine Ziele zu erreichen, werde ich heute:

1. ....

2. ....

3. ....

Besonders schöne Erlebnisse heute waren:

Das hätte ich heute besser machen können:

Meine wichtigste Erkenntnis von heute ist:

Meine Intention für den Tag:

Ich bin dankbar für:

Um meine Ziele zu erreichen, werde ich heute:

1. ....

2. ....

3. ....

Besonders schöne Erlebnisse heute waren:

Das hätte ich heute besser machen können:

Meine wichtigste Erkenntnis von heute ist:

Meine Intention für den Tag:

Ich bin dankbar für:

Um meine Ziele zu erreichen, werde ich heute:

1. ....

2. ....

3. ....

Besonders schöne Erlebnisse heute waren:

Das hätte ich heute besser machen können:

Meine wichtigste Erkenntnis von heute ist:

Meine Intention für den Tag:

Ich bin dankbar für:

Um meine Ziele zu erreichen, werde ich heute:

1. ....

2. ....

3. ....

Besonders schöne Erlebnisse heute waren:

Das hätte ich heute besser machen können:

Meine wichtigste Erkenntnis von heute ist:

Meine Intention für den Tag:

Ich bin dankbar für:

Um meine Ziele zu erreichen, werde ich heute:

1. ....

2. ....

3. ....

Besonders schöne Erlebnisse heute waren:

Das hätte ich heute besser machen können:

Meine wichtigste Erkenntnis von heute ist:

Meine Intention für den Tag:

Ich bin dankbar für:

Um meine Ziele zu erreichen, werde ich heute:

1. ....

2. ....

3. ....

Besonders schöne Erlebnisse heute waren:

Das hätte ich heute besser machen können:

Meine wichtigste Erkenntnis von heute ist:

Meine Intention für den Tag:

Checkliste

Tag visualisiert
Versprechen verkündet
ausreichend bewegt
2L+ getrunken

Ich bin dankbar für:

bewusst gegessen
Pausen gemacht
ausreichend geschlafen

Um meine Ziele zu erreichen, werde ich heute:

1. ....

2. ....

3. ....

Besonders schöne Erlebnisse heute waren:

Das hätte ich heute besser machen können:

Meine wichtigste Erkenntnis von heute ist:

Meine Intention für den Tag:

Ich bin dankbar für:

Um meine Ziele zu erreichen, werde ich heute:

1. ....

2. ....

3. ....

Besonders schöne Erlebnisse heute waren:

Das hätte ich heute besser machen können:

Meine wichtigste Erkenntnis von heute ist:

Meine Intention für den Tag:

Ich bin dankbar für:

Um meine Ziele zu erreichen, werde ich heute:

1. ....

2. ....

3. ....

Besonders schöne Erlebnisse heute waren:

Das hätte ich heute besser machen können:

Meine wichtigste Erkenntnis von heute ist:

Meine Intention für den Tag:

Ich bin dankbar für:

Um meine Ziele zu erreichen, werde ich heute:

1. ....

2. ....

3. ....

Besonders schöne Erlebnisse heute waren:

Das hätte ich heute besser machen können:

Meine wichtigste Erkenntnis von heute ist:

Meine Intention für den Tag:

Ich bin dankbar für:

Um meine Ziele zu erreichen, werde ich heute:

1. ....

2. ....

3. ....

Besonders schöne Erlebnisse heute waren:

Das hätte ich heute besser machen können:

Meine wichtigste Erkenntnis von heute ist:

Meine Intention für den Tag:

Ich bin dankbar für:

Um meine Ziele zu erreichen, werde ich heute:

1. ....

2. ....

3. ....

Besonders schöne Erlebnisse heute waren:

Das hätte ich heute besser machen können:

Meine wichtigste Erkenntnis von heute ist:

Meine Intention für den Tag:

Checkliste

Tag visualisiert
Versprechen verkündet
ausreichend bewegt
2L+ getrunken
bewusst gegessen
Pausen gemacht
ausreichend geschlafen

Ich bin dankbar für:

Um meine Ziele zu erreichen, werde ich heute:

1. ....

2. ....

3. ....

Besonders schöne Erlebnisse heute waren:

Das hätte ich heute besser machen können:

Meine wichtigste Erkenntnis von heute ist:

Meine Intention für den Tag:

Ich bin dankbar für:

Um meine Ziele zu erreichen, werde ich heute:

1. ....

2. ....

3. ....

Besonders schöne Erlebnisse heute waren:

Das hätte ich heute besser machen können:

Meine wichtigste Erkenntnis von heute ist:

Meine Intention für den Tag:

Ich bin dankbar für:

Um meine Ziele zu erreichen, werde ich heute:

1. ....

2. ....

3. ....

Besonders schöne Erlebnisse heute waren:

Das hätte ich heute besser machen können:

Meine wichtigste Erkenntnis von heute ist:

Meine Intention für den Tag:

Checkliste

Tag visualisiert
Versprechen verkündet
ausreichend bewegt
2L+ getrunken
bewusst gegessen
Pausen gemacht
ausreichend geschlafen

Ich bin dankbar für:

Um meine Ziele zu erreichen, werde ich heute:

1. ....

2. ....

3. ....

Besonders schöne Erlebnisse heute waren:

Das hätte ich heute besser machen können:

Meine wichtigste Erkenntnis von heute ist:

Meine Intention für den Tag:

Ich bin dankbar für:

Um meine Ziele zu erreichen, werde ich heute:

1. ....

2. ....

3. ....

Besonders schöne Erlebnisse heute waren:

Das hätte ich heute besser machen können:

Meine wichtigste Erkenntnis von heute ist:

Meine Intention für den Tag:

Ich bin dankbar für:

Um meine Ziele zu erreichen, werde ich heute:

1. ....

2. ....

3. ....

Besonders schöne Erlebnisse heute waren:

Das hätte ich heute besser machen können:

Meine wichtigste Erkenntnis von heute ist:

Meine Intention für den Tag:

Ich bin dankbar für:

Um meine Ziele zu erreichen, werde ich heute:

1. ....

2. ....

3. ....

Besonders schöne Erlebnisse heute waren:

Das hätte ich heute besser machen können:

Meine wichtigste Erkenntnis von heute ist:

Meine Intention für den Tag:

Ich bin dankbar für:

Um meine Ziele zu erreichen, werde ich heute:

1. ....

2. ....

3. ....

Besonders schöne Erlebnisse heute waren:

Das hätte ich heute besser machen können:

Meine wichtigste Erkenntnis von heute ist:

Meine Intention für den Tag:

Ich bin dankbar für:

Um meine Ziele zu erreichen, werde ich heute:

1. ....

2. ....

3. ....

Besonders schöne Erlebnisse heute waren:

Das hätte ich heute besser machen können:

Meine wichtigste Erkenntnis von heute ist:

Meine Intention für den Tag:

Ich bin dankbar für:

Um meine Ziele zu erreichen, werde ich heute:

1. ....

2. ....

3. ....

Besonders schöne Erlebnisse heute waren:

Das hätte ich heute besser machen können:

Meine wichtigste Erkenntnis von heute ist:

Meine Intention für den Tag:

 *Checkliste*

Tag visualisiert
Versprechen verkündet
ausreichend bewegt
2L+ getrunken
bewusst gegessen
Pausen gemacht
ausreichend geschlafen

Ich bin dankbar für:

Um meine Ziele zu erreichen, werde ich heute:

1. ....

2. ....

3. ....

Besonders schöne Erlebnisse heute waren:

Das hätte ich heute besser machen können:

Meine wichtigste Erkenntnis von heute ist:

Meine Intention für den Tag:

Checkliste

Tag visualisiert
Versprechen verkündet
ausreichend bewegt
2L+ getrunken
bewusst gegessen
Pausen gemacht
ausreichend geschlafen

Ich bin dankbar für:

Um meine Ziele zu erreichen, werde ich heute:

1. ....

2. ....

3. ....

Besonders schöne Erlebnisse heute waren:

Das hätte ich heute besser machen können:

Meine wichtigste Erkenntnis von heute ist:

Meine Intention für den Tag:

Ich bin dankbar für:

Um meine Ziele zu erreichen, werde ich heute:

1. ....

2. ....

3. ....

Besonders schöne Erlebnisse heute waren:

Das hätte ich heute besser machen können:

Meine wichtigste Erkenntnis von heute ist:

Meine Intention für den Tag:

Ich bin dankbar für:

Um meine Ziele zu erreichen, werde ich heute:

1. ....

2. ....

3. ....

Besonders schöne Erlebnisse heute waren:

Das hätte ich heute besser machen können:

Meine wichtigste Erkenntnis von heute ist:

Meine Intention für den Tag:

Checkliste

Tag visualisiert
Versprechen verkündet
ausreichend bewegt
2L+ getrunken
bewusst gegessen
Pausen gemacht
ausreichend geschlafen

Ich bin dankbar für:

Um meine Ziele zu erreichen, werde ich heute:

1. ....

2. ....

3. ....

Besonders schöne Erlebnisse heute waren:

Das hätte ich heute besser machen können:

Meine wichtigste Erkenntnis von heute ist:

Meine Intention für den Tag:

Ich bin dankbar für:

Um meine Ziele zu erreichen, werde ich heute:

1. ....

2. ....

3. ....

Besonders schöne Erlebnisse heute waren:

Das hätte ich heute besser machen können:

Meine wichtigste Erkenntnis von heute ist:

Meine Intention für den Tag:

Checkliste

Tag visualisiert
Versprechen verkündet
ausreichend bewegt
2L+ getrunken
bewusst gegessen
Pausen gemacht
ausreichend geschlafen

Ich bin dankbar für:

Um meine Ziele zu erreichen, werde ich heute:

1. ....

2. ....

3. ....

Besonders schöne Erlebnisse heute waren:

Das hätte ich heute besser machen können:

Meine wichtigste Erkenntnis von heute ist:

Meine Intention für den Tag:

Ich bin dankbar für:

Um meine Ziele zu erreichen, werde ich heute:

1. ....

2. ....

3. ....

Besonders schöne Erlebnisse heute waren:

Das hätte ich heute besser machen können:

Meine wichtigste Erkenntnis von heute ist:

Meine Intention für den Tag:

Ich bin dankbar für:

Um meine Ziele zu erreichen, werde ich heute:

1. ....

2. ....

3. ....

Besonders schöne Erlebnisse heute waren:

Das hätte ich heute besser machen können:

Meine wichtigste Erkenntnis von heute ist:

Meine Intention für den Tag:

Ich bin dankbar für:

Um meine Ziele zu erreichen, werde ich heute:

1. ....

2. ....

3. ....

Besonders schöne Erlebnisse heute waren:

Das hätte ich heute besser machen können:

Meine wichtigste Erkenntnis von heute ist:

Meine Intention für den Tag:

Ich bin dankbar für:

Um meine Ziele zu erreichen, werde ich heute:

1. ....

2. ....

3. ....

Besonders schöne Erlebnisse heute waren:

Das hätte ich heute besser machen können:

Meine wichtigste Erkenntnis von heute ist:

Meine Intention für den Tag:

Ich bin dankbar für:

Um meine Ziele zu erreichen, werde ich heute:

1. ....

2. ....

3. ....

Besonders schöne Erlebnisse heute waren:

Das hätte ich heute besser machen können:

Meine wichtigste Erkenntnis von heute ist:

Meine Intention für den Tag:

Checkliste

Tag visualisiert
Versprechen verkündet
ausreichend bewegt
2L+ getrunken
bewusst gegessen
Pausen gemacht
ausreichend geschlafen

Ich bin dankbar für:

Um meine Ziele zu erreichen, werde ich heute:

1. ....

2. ....

3. ....

Besonders schöne Erlebnisse heute waren:

Das hätte ich heute besser machen können:

Meine wichtigste Erkenntnis von heute ist:

Meine Intention für den Tag:

Ich bin dankbar für:

Um meine Ziele zu erreichen, werde ich heute:

1. ....

2. ....

3. ....

Besonders schöne Erlebnisse heute waren:

Das hätte ich heute besser machen können:

Meine wichtigste Erkenntnis von heute ist:

Meine Intention für den Tag:

 *Checkliste*

Tag visualisiert
Versprechen verkündet
ausreichend bewegt
2L+ getrunken
bewusst gegessen
Pausen gemacht
ausreichend geschlafen

Ich bin dankbar für:

Um meine Ziele zu erreichen, werde ich heute:

1. ....

2. ....

3. ....

Besonders schöne Erlebnisse heute waren:

Das hätte ich heute besser machen können:

Meine wichtigste Erkenntnis von heute ist:

Meine Intention für den Tag:

Ich bin dankbar für:

Um meine Ziele zu erreichen, werde ich heute:

1. ....

2. ....

3. ....

Besonders schöne Erlebnisse heute waren:

Das hätte ich heute besser machen können:

Meine wichtigste Erkenntnis von heute ist:

Meine Intention für den Tag:

Ich bin dankbar für:

Um meine Ziele zu erreichen, werde ich heute:

1. ....

2. ....

3. ....

Besonders schöne Erlebnisse heute waren:

Das hätte ich heute besser machen können:

Meine wichtigste Erkenntnis von heute ist:

Meine Intention für den Tag:

Ich bin dankbar für:

Um meine Ziele zu erreichen, werde ich heute:

1. ....

2. ....

3. ....

Besonders schöne Erlebnisse heute waren:

Das hätte ich heute besser machen können:

Meine wichtigste Erkenntnis von heute ist:

Meine Intention für den Tag:

Ich bin dankbar für:

Um meine Ziele zu erreichen, werde ich heute:

1. ....

2. ....

3. ....

Besonders schöne Erlebnisse heute waren:

Das hätte ich heute besser machen können:

Meine wichtigste Erkenntnis von heute ist:

Meine Intention für den Tag:

Ich bin dankbar für:

Um meine Ziele zu erreichen, werde ich heute:

1. ....

2. ....

3. ....

Besonders schöne Erlebnisse heute waren:

Das hätte ich heute besser machen können:

Meine wichtigste Erkenntnis von heute ist:

Meine Intention für den Tag:

Ich bin dankbar für:

Um meine Ziele zu erreichen, werde ich heute:

1. ....

2. ....

3. ....

Besonders schöne Erlebnisse heute waren:

Das hätte ich heute besser machen können:

Meine wichtigste Erkenntnis von heute ist:

Meine Intention für den Tag:

Ich bin dankbar für:

Um meine Ziele zu erreichen, werde ich heute:

1. ....

2. ....

3. ....

Besonders schöne Erlebnisse heute waren:

Das hätte ich heute besser machen können:

Meine wichtigste Erkenntnis von heute ist:

Meine Intention für den Tag:

Ich bin dankbar für:

Um meine Ziele zu erreichen, werde ich heute:

1. ....

2. ....

3. ....

Besonders schöne Erlebnisse heute waren:

Das hätte ich heute besser machen können:

Meine wichtigste Erkenntnis von heute ist:

Meine Intention für den Tag:

Ich bin dankbar für:

Um meine Ziele zu erreichen, werde ich heute:

1. ....

2. ....

3. ....

Besonders schöne Erlebnisse heute waren:

Das hätte ich heute besser machen können:

Meine wichtigste Erkenntnis von heute ist:

Meine Intention für den Tag:

Checkliste

Tag visualisiert
Versprechen verkündet
ausreichend bewegt
2L+ getrunken
bewusst gegessen
Pausen gemacht
ausreichend geschlafen

Ich bin dankbar für:

Um meine Ziele zu erreichen, werde ich heute:

1. ....

2. :...

3. ....

Besonders schöne Erlebnisse heute waren:

Das hätte ich heute besser machen können:

Meine wichtigste Erkenntnis von heute ist:

Meine Intention für den Tag:

Ich bin dankbar für:

Um meine Ziele zu erreichen, werde ich heute:

1. ....

2. ....

3. ....

Besonders schöne Erlebnisse heute waren:

Das hätte ich heute besser machen können:

Meine wichtigste Erkenntnis von heute ist:

Meine Intention für den Tag:

Ich bin dankbar für:

Um meine Ziele zu erreichen, werde ich heute:

1. ....

2. ....

3. ....

Besonders schöne Erlebnisse heute waren:

Das hätte ich heute besser machen können:

Meine wichtigste Erkenntnis von heute ist:

Meine Intention für den Tag:

Ich bin dankbar für:

Um meine Ziele zu erreichen, werde ich heute:

1. ....

2. ....

3. ....

Besonders schöne Erlebnisse heute waren:

Das hätte ich heute besser machen können:

Meine wichtigste Erkenntnis von heute ist:

Meine Intention für den Tag:

Checkliste

Tag visualisiert
Versprechen verkündet
ausreichend bewegt
2L+ getrunken
bewusst gegessen
Pausen gemacht
ausreichend geschlafen

Ich bin dankbar für:

Um meine Ziele zu erreichen, werde ich heute:

1. ....

2. ....

3. ....

Besonders schöne Erlebnisse heute waren:

Das hätte ich heute besser machen können:

Meine wichtigste Erkenntnis von heute ist:

Meine Intention für den Tag:

Ich bin dankbar für:

Um meine Ziele zu erreichen, werde ich heute:

1. ....

2. ....

3. ....

Besonders schöne Erlebnisse heute waren:

Das hätte ich heute besser machen können:

Meine wichtigste Erkenntnis von heute ist:

Meine Intention für den Tag:

Checkliste

Tag visualisiert
Versprechen verkündet
ausreichend bewegt
2L+ getrunken
bewusst gegessen
Pausen gemacht
ausreichend geschlafen

Ich bin dankbar für:

Um meine Ziele zu erreichen, werde ich heute:

1. ....

2. ....

3. ....

Besonders schöne Erlebnisse heute waren:

Das hätte ich heute besser machen können:

Meine wichtigste Erkenntnis von heute ist:

Meine Intention für den Tag:

Ich bin dankbar für:

Um meine Ziele zu erreichen, werde ich heute:

1. ....

2. ....

3. ....

Besonders schöne Erlebnisse heute waren:

Das hätte ich heute besser machen können:

Meine wichtigste Erkenntnis von heute ist:

Meine Intention für den Tag:

Ich bin dankbar für:

Um meine Ziele zu erreichen, werde ich heute:

1. ....

2. ....

3. ....

Besonders schöne Erlebnisse heute waren:

Das hätte ich heute besser machen können:

Meine wichtigste Erkenntnis von heute ist:

Meine Intention für den Tag:

Ich bin dankbar für:

Um meine Ziele zu erreichen, werde ich heute:

1. ....

2. ....

3. ....

Besonders schöne Erlebnisse heute waren:

Das hätte ich heute besser machen können:

Meine wichtigste Erkenntnis von heute ist:

Meine Intention für den Tag:

Ich bin dankbar für:

Um meine Ziele zu erreichen, werde ich heute:

1. ....

2. ....

3. ....

Besonders schöne Erlebnisse heute waren:

Das hätte ich heute besser machen können:

Meine wichtigste Erkenntnis von heute ist:

Meine Intention für den Tag:

Ich bin dankbar für:

Um meine Ziele zu erreichen, werde ich heute:

1. ....

2. ....

3. ....

Besonders schöne Erlebnisse heute waren:

Das hätte ich heute besser machen können:

Meine wichtigste Erkenntnis von heute ist:

Meine Intention für den Tag:

Checkliste

Tag visualisiert
Versprechen verkündet
ausreichend bewegt
2L+ getrunken
bewusst gegessen
Pausen gemacht
ausreichend geschlafen

Ich bin dankbar für:

Um meine Ziele zu erreichen, werde ich heute:

1. ....

2. ....

3. ....

Besonders schöne Erlebnisse heute waren:

Das hätte ich heute besser machen können:

Meine wichtigste Erkenntnis von heute ist:

Meine Intention für den Tag:

Ich bin dankbar für:

Um meine Ziele zu erreichen, werde ich heute:

1. ....

2. ....

3. ....

Besonders schöne Erlebnisse heute waren:

Das hätte ich heute besser machen können:

Meine wichtigste Erkenntnis von heute ist:

Meine Intention für den Tag:

 *Checkliste*

Tag visualisiert
Versprechen verkündet
ausreichend bewegt
2L+ getrunken
Ich bin dankbar für:
bewusst gegessen
Pausen gemacht
ausreichend geschlafen

Um meine Ziele zu erreichen, werde ich heute:

1. ....

2. ....

3. ....

Besonders schöne Erlebnisse heute waren:

Das hätte ich heute besser machen können:

Meine wichtigste Erkenntnis von heute ist:

Meine Intention für den Tag:

Ich bin dankbar für:

Um meine Ziele zu erreichen, werde ich heute:

1. ....

2. ....

3. ....

Besonders schöne Erlebnisse heute waren:

Das hätte ich heute besser machen können:

Meine wichtigste Erkenntnis von heute ist:

Meine Intention für den Tag:

Ich bin dankbar für:

Um meine Ziele zu erreichen, werde ich heute:

1. ....

2. ....

3. ....

Besonders schöne Erlebnisse heute waren:

Das hätte ich heute besser machen können:

Meine wichtigste Erkenntnis von heute ist:

Meine Intention für den Tag:

Ich bin dankbar für:

Um meine Ziele zu erreichen, werde ich heute:

1. ....

2. ....

3. ....

Besonders schöne Erlebnisse heute waren:

Das hätte ich heute besser machen können:

Meine wichtigste Erkenntnis von heute ist:

Meine Intention für den Tag:

Ich bin dankbar für:

Um meine Ziele zu erreichen, werde ich heute:

1. ....

2. ....

3. ....

Besonders schöne Erlebnisse heute waren:

Das hätte ich heute besser machen können:

Meine wichtigste Erkenntnis von heute ist:

Meine Intention für den Tag:

Ich bin dankbar für:

Um meine Ziele zu erreichen, werde ich heute:

1. ....

2. ....

3. ....

Besonders schöne Erlebnisse heute waren:

Das hätte ich heute besser machen können:

Meine wichtigste Erkenntnis von heute ist:

Meine Intention für den Tag:

Checkliste

Tag visualisiert
Versprechen verkündet
ausreichend bewegt
2L+ getrunken
bewusst gegessen
Pausen gemacht
ausreichend geschlafen

Ich bin dankbar für:

Um meine Ziele zu erreichen, werde ich heute:

1. ....

2. ....

3. ....

Besonders schöne Erlebnisse heute waren:

Das hätte ich heute besser machen können:

Meine wichtigste Erkenntnis von heute ist:

Meine Intention für den Tag:

Ich bin dankbar für:

Um meine Ziele zu erreichen, werde ich heute:

1. ....

2. ....

3. ....

Besonders schöne Erlebnisse heute waren:

Das hätte ich heute besser machen können:

Meine wichtigste Erkenntnis von heute ist:

Meine Intention für den Tag:

Checkliste

Tag visualisiert
Versprechen verkündet
ausreichend bewegt
2L+ getrunken
bewusst gegessen
Pausen gemacht
ausreichend geschlafen

Ich bin dankbar für:

Um meine Ziele zu erreichen, werde ich heute:

1. ....

2. ....

3. ....

Besonders schöne Erlebnisse heute waren:

Das hätte ich heute besser machen können:

Meine wichtigste Erkenntnis von heute ist:

Meine Intention für den Tag:

Ich bin dankbar für:

Um meine Ziele zu erreichen, werde ich heute:

1. ....

2. ....

3. ....

Besonders schöne Erlebnisse heute waren:

Das hätte ich heute besser machen können:

Meine wichtigste Erkenntnis von heute ist:

Meine Intention für den Tag:

Ich bin dankbar für:

Um meine Ziele zu erreichen, werde ich heute:

1. ....

2. ....

3. ....

Besonders schöne Erlebnisse heute waren:

Das hätte ich heute besser machen können:

Meine wichtigste Erkenntnis von heute ist:

Meine Intention für den Tag:

Ich bin dankbar für:

Um meine Ziele zu erreichen, werde ich heute:

1. ....

2. ....

3. ....

Besonders schöne Erlebnisse heute waren:

Das hätte ich heute besser machen können:

Meine wichtigste Erkenntnis von heute ist:

Meine Intention für den Tag:

Checkliste

Tag visualisiert
Versprechen verkündet
ausreichend bewegt
2L+ getrunken
bewusst gegessen
Pausen gemacht
ausreichend geschlafen

Ich bin dankbar für:

Um meine Ziele zu erreichen, werde ich heute:

1. ....

2. ....

3. ....

Besonders schöne Erlebnisse heute waren:

Das hätte ich heute besser machen können:

Meine wichtigste Erkenntnis von heute ist:

Meine Intention für den Tag:

Ich bin dankbar für:

Um meine Ziele zu erreichen, werde ich heute:

1. ....

2. ....

3. ....

Besonders schöne Erlebnisse heute waren:

Das hätte ich heute besser machen können:

Meine wichtigste Erkenntnis von heute ist:

Meine Intention für den Tag:

Checkliste

Tag visualisiert
Versprechen verkündet
ausreichend bewegt
2L+ getrunken
bewusst gegessen
Pausen gemacht
ausreichend geschlafen

Ich bin dankbar für:

Um meine Ziele zu erreichen, werde ich heute:

1. ....

2. ....

3. ....

Besonders schöne Erlebnisse heute waren:

Das hätte ich heute besser machen können:

Meine wichtigste Erkenntnis von heute ist:

Meine Intention für den Tag:

Ich bin dankbar für:

Um meine Ziele zu erreichen, werde ich heute:

1. ....

2. ....

3. ....

Besonders schöne Erlebnisse heute waren:

Das hätte ich heute besser machen können:

Meine wichtigste Erkenntnis von heute ist:

Meine Intention für den Tag:

Ich bin dankbar für:

Um meine Ziele zu erreichen, werde ich heute:

1. ....

2. ....

3. ....

Besonders schöne Erlebnisse heute waren:

Das hätte ich heute besser machen können:

Meine wichtigste Erkenntnis von heute ist:

Meine Intention für den Tag:

Ich bin dankbar für:

Um meine Ziele zu erreichen, werde ich heute:

1. ....

2. ....

3. ....

Besonders schöne Erlebnisse heute waren:

Das hätte ich heute besser machen können:

Meine wichtigste Erkenntnis von heute ist:

Meine Intention für den Tag:

Checkliste

Tag visualisiert
Versprechen verkündet
ausreichend bewegt
2L+ getrunken
bewusst gegessen
Pausen gemacht
ausreichend geschlafen

Ich bin dankbar für:

Um meine Ziele zu erreichen, werde ich heute:

1. ....

2. ....

3. ....

Besonders schöne Erlebnisse heute waren:

Das hätte ich heute besser machen können:

Meine wichtigste Erkenntnis von heute ist:

Meine Intention für den Tag:

Ich bin dankbar für:

Um meine Ziele zu erreichen, werde ich heute:

1. ....

2. ....

3. ....

Besonders schöne Erlebnisse heute waren:

Das hätte ich heute besser machen können:

Meine wichtigste Erkenntnis von heute ist:

Meine Intention für den Tag:

Checkliste

Tag visualisiert
Versprechen verkündet
ausreichend bewegt
2L+ getrunken
bewusst gegessen
Pausen gemacht
ausreichend geschlafen

Ich bin dankbar für:

Um meine Ziele zu erreichen, werde ich heute:

1. ....

2. ....

3. ....

Besonders schöne Erlebnisse heute waren:

Das hätte ich heute besser machen können:

Meine wichtigste Erkenntnis von heute ist:

Meine Intention für den Tag:

Ich bin dankbar für:

Um meine Ziele zu erreichen, werde ich heute:

1. ....

2. ....

3. ....

Besonders schöne Erlebnisse heute waren:

Das hätte ich heute besser machen können:

Meine wichtigste Erkenntnis von heute ist:

Meine Intention für den Tag:

Checkliste

Tag visualisiert
Versprechen verkündet
ausreichend bewegt
2L+ getrunken
bewusst gegessen
Pausen gemacht
ausreichend geschlafen

Ich bin dankbar für:

Um meine Ziele zu erreichen, werde ich heute:

1. ....

2. ....

3. ....

Besonders schöne Erlebnisse heute waren:

Das hätte ich heute besser machen können:

Meine wichtigste Erkenntnis von heute ist:

Meine Intention für den Tag:

Ich bin dankbar für:

Um meine Ziele zu erreichen, werde ich heute:

1. ....

2. ....

3. ....

Besonders schöne Erlebnisse heute waren:

Das hätte ich heute besser machen können:

Meine wichtigste Erkenntnis von heute ist:

Meine Intention für den Tag:

Checkliste

Tag visualisiert
Versprechen verkündet
ausreichend bewegt
2L+ getrunken
bewusst gegessen
Pausen gemacht
ausreichend geschlafen

Ich bin dankbar für:

Um meine Ziele zu erreichen, werde ich heute:

1. ....

2. ....

3. ....

Besonders schöne Erlebnisse heute waren:

Das hätte ich heute besser machen können:

Meine wichtigste Erkenntnis von heute ist:

Meine Intention für den Tag:

Ich bin dankbar für:

Um meine Ziele zu erreichen, werde ich heute:

1. ....

2. ....

3. ....

Besonders schöne Erlebnisse heute waren:

Das hätte ich heute besser machen können:

Meine wichtigste Erkenntnis von heute ist:

Meine Intention für den Tag:

Checkliste

Tag visualisiert
Versprechen verkündet
ausreichend bewegt
2L+ getrunken
Ich bin dankbar für:
bewusst gegessen
Pausen gemacht
ausreichend geschlafen

Um meine Ziele zu erreichen, werde ich heute:

1. ....

2. ....

3. ....

Besonders schöne Erlebnisse heute waren:

Das hätte ich heute besser machen können:

Meine wichtigste Erkenntnis von heute ist:

Meine Intention für den Tag:

Ich bin dankbar für:

Um meine Ziele zu erreichen, werde ich heute:

1. ....

2. ....

3. ....

Besonders schöne Erlebnisse heute waren:

Das hätte ich heute besser machen können:

Meine wichtigste Erkenntnis von heute ist:

Meine Intention für den Tag:

Ich bin dankbar für:

Um meine Ziele zu erreichen, werde ich heute:

1. ....

2. ....

3. ....

Besonders schöne Erlebnisse heute waren:

Das hätte ich heute besser machen können:

Meine wichtigste Erkenntnis von heute ist:

Meine Intention für den Tag:

Ich bin dankbar für:

Um meine Ziele zu erreichen, werde ich heute:

1. ....

2. ....

3. ....

Besonders schöne Erlebnisse heute waren:

Das hätte ich heute besser machen können:

Meine wichtigste Erkenntnis von heute ist:

Meine Intention für den Tag:

Ich bin dankbar für:

Um meine Ziele zu erreichen, werde ich heute:

1. ....

2. ....

3. ....

Besonders schöne Erlebnisse heute waren:

Das hätte ich heute besser machen können:

Meine wichtigste Erkenntnis von heute ist:

Meine Intention für den Tag:

Ich bin dankbar für:

Um meine Ziele zu erreichen, werde ich heute:

1. ....

2. ....

3. ....

Besonders schöne Erlebnisse heute waren:

Das hätte ich heute besser machen können:

Meine wichtigste Erkenntnis von heute ist:

Meine Intention für den Tag:

Checkliste

Tag visualisiert
Versprechen verkündet
ausreichend bewegt
2L+ getrunken
bewusst gegessen
Pausen gemacht
ausreichend geschlafen

Ich bin dankbar für:

Um meine Ziele zu erreichen, werde ich heute:

1. ....

2. ....

3. ....

Besonders schöne Erlebnisse heute waren:

Das hätte ich heute besser machen können:

Meine wichtigste Erkenntnis von heute ist:

Meine Intention für den Tag:

Checkliste

Tag visualisiert
Versprechen verkündet
ausreichend bewegt
2L+ getrunken
bewusst gegessen
Pausen gemacht
ausreichend geschlafen

Ich bin dankbar für:

Um meine Ziele zu erreichen, werde ich heute:

1. ....

2. ....

3. ....

Besonders schöne Erlebnisse heute waren:

Das hätte ich heute besser machen können:

Meine wichtigste Erkenntnis von heute ist:

Meine Intention für den Tag:

Ich bin dankbar für:

Um meine Ziele zu erreichen, werde ich heute:

1. ....

2. ....

3. ....

Besonders schöne Erlebnisse heute waren:

Das hätte ich heute besser machen können:

Meine wichtigste Erkenntnis von heute ist:

Meine Intention für den Tag:

Ich bin dankbar für:

Um meine Ziele zu erreichen, werde ich heute:

1. ....

2. ....

3. ....

Besonders schöne Erlebnisse heute waren:

Das hätte ich heute besser machen können:

Meine wichtigste Erkenntnis von heute ist:

Meine Intention für den Tag:

Ich bin dankbar für:

Um meine Ziele zu erreichen, werde ich heute:

1. ....

2. ....

3. ....

Besonders schöne Erlebnisse heute waren:

Das hätte ich heute besser machen können:

Meine wichtigste Erkenntnis von heute ist:

Meine Intention für den Tag:

Checkliste

Tag visualisiert
Versprechen verkündet
ausreichend bewegt
2L+ getrunken
bewusst gegessen
Pausen gemacht
ausreichend geschlafen

Ich bin dankbar für:

Um meine Ziele zu erreichen, werde ich heute:

1. ....

2. ....

3. ....

Besonders schöne Erlebnisse heute waren:

Das hätte ich heute besser machen können:

Meine wichtigste Erkenntnis von heute ist:

Meine Intention für den Tag:

Ich bin dankbar für:

Um meine Ziele zu erreichen, werde ich heute:

1. ....

2. ....

3. ....

Besonders schöne Erlebnisse heute waren:

Das hätte ich heute besser machen können:

Meine wichtigste Erkenntnis von heute ist:

Meine Intention für den Tag:

Ich bin dankbar für:

Um meine Ziele zu erreichen, werde ich heute:

1. ....

2. ....

3. ....

Besonders schöne Erlebnisse heute waren:

Das hätte ich heute besser machen können:

Meine wichtigste Erkenntnis von heute ist:

Meine Intention für den Tag:

 Checkliste

Tag visualisiert
Versprechen verkündet
ausreichend bewegt
2L+ getrunken
bewusst gegessen
Pausen gemacht
ausreichend geschlafen

Ich bin dankbar für:

Um meine Ziele zu erreichen, werde ich heute:

1. ....

2. ....

3. ....

Besonders schöne Erlebnisse heute waren:

Das hätte ich heute besser machen können:

Meine wichtigste Erkenntnis von heute ist:

Meine Intention für den Tag:

Ich bin dankbar für:

Um meine Ziele zu erreichen, werde ich heute:

1. ....

2. ....

3. ....

Besonders schöne Erlebnisse heute waren:

Das hätte ich heute besser machen können:

Meine wichtigste Erkenntnis von heute ist:

Meine Intention für den Tag:

Ich bin dankbar für:

Um meine Ziele zu erreichen, werde ich heute:

1. ....

2. ....

3. ....

Besonders schöne Erlebnisse heute waren:

Das hätte ich heute besser machen können:

Meine wichtigste Erkenntnis von heute ist:

Meine Intention für den Tag:

Ich bin dankbar für:

Um meine Ziele zu erreichen, werde ich heute:

1. ....

2. ....

3. ....

Besonders schöne Erlebnisse heute waren:

Das hätte ich heute besser machen können:

Meine wichtigste Erkenntnis von heute ist:

Meine Intention für den Tag:

Checkliste

Tag visualisiert
Versprechen verkündet
ausreichend bewegt
2L+ getrunken
bewusst gegessen
Pausen gemacht
ausreichend geschlafen

Ich bin dankbar für:

Um meine Ziele zu erreichen, werde ich heute:

1. ....

2. ....

3. ....

Besonders schöne Erlebnisse heute waren:

Das hätte ich heute besser machen können:

Meine wichtigste Erkenntnis von heute ist:

Meine Intention für den Tag:

Ich bin dankbar für:

Um meine Ziele zu erreichen, werde ich heute:

1. ....

2. ....

3. ....

Besonders schöne Erlebnisse heute waren:

Das hätte ich heute besser machen können:

Meine wichtigste Erkenntnis von heute ist:

Meine Intention für den Tag:

Ich bin dankbar für:

Um meine Ziele zu erreichen, werde ich heute:

1. ....

2. ....

3. ....

Besonders schöne Erlebnisse heute waren:

Das hätte ich heute besser machen können:

Meine wichtigste Erkenntnis von heute ist:

Meine Intention für den Tag:

Ich bin dankbar für:

Um meine Ziele zu erreichen, werde ich heute:

1. ....

2. ....

3. ....

Besonders schöne Erlebnisse heute waren:

Das hätte ich heute besser machen können:

Meine wichtigste Erkenntnis von heute ist:

Meine Intention für den Tag:

Ich bin dankbar für:

Um meine Ziele zu erreichen, werde ich heute:

1. ....

2. ....

3. ....

Besonders schöne Erlebnisse heute waren:

Das hätte ich heute besser machen können:

Meine wichtigste Erkenntnis von heute ist:

Meine Intention für den Tag:

Checkliste

Ich bin dankbar für:

Um meine Ziele zu erreichen, werde ich heute:

1. ....

2. ....

3. ....

Besonders schöne Erlebnisse heute waren:

Das hätte ich heute besser machen können:

Meine wichtigste Erkenntnis von heute ist:

Meine Intention für den Tag:

Ich bin dankbar für:

Um meine Ziele zu erreichen, werde ich heute:

1. ....

2. ....

3. ....

Besonders schöne Erlebnisse heute waren:

Das hätte ich heute besser machen können:

Meine wichtigste Erkenntnis von heute ist:

Meine Intention für den Tag:

Ich bin dankbar für:

Um meine Ziele zu erreichen, werde ich heute:

1. ....

2. ....

3. ....

Besonders schöne Erlebnisse heute waren:

Das hätte ich heute besser machen können:

Meine wichtigste Erkenntnis von heute ist:

Meine Intention für den Tag:

Ich bin dankbar für:

Um meine Ziele zu erreichen, werde ich heute:

1. ....

2. ....

3. ....

Besonders schöne Erlebnisse heute waren:

Das hätte ich heute besser machen können:

Meine wichtigste Erkenntnis von heute ist:

Meine Intention für den Tag:

Ich bin dankbar für:

Um meine Ziele zu erreichen, werde ich heute:

1. ....

2. ....

3. ....

Besonders schöne Erlebnisse heute waren:

Das hätte ich heute besser machen können:

Meine wichtigste Erkenntnis von heute ist:

Meine Intention für den Tag:

Ich bin dankbar für:

Um meine Ziele zu erreichen, werde ich heute:

1. ....

2. ....

3. ....

Besonders schöne Erlebnisse heute waren:

Das hätte ich heute besser machen können:

Meine wichtigste Erkenntnis von heute ist:

Meine Intention für den Tag:

Ich bin dankbar für:

Um meine Ziele zu erreichen, werde ich heute:

1. ....

2. ....

3. ....

Besonders schöne Erlebnisse heute waren:

Das hätte ich heute besser machen können:

Meine wichtigste Erkenntnis von heute ist:

Meine Intention für den Tag:

 *Checkliste*

Tag visualisiert
Versprechen verkündet
ausreichend bewegt
2L+ getrunken
bewusst gegessen
Pausen gemacht
ausreichend geschlafen

Ich bin dankbar für:

Um meine Ziele zu erreichen, werde ich heute:

1. ....

2. ....

3. ....

Besonders schöne Erlebnisse heute waren:

Das hätte ich heute besser machen können:

Meine wichtigste Erkenntnis von heute ist:

Meine Intention für den Tag:

Ich bin dankbar für:

Um meine Ziele zu erreichen, werde ich heute:

1. ....

2. ....

3. ....

Besonders schöne Erlebnisse heute waren:

Das hätte ich heute besser machen können:

Meine wichtigste Erkenntnis von heute ist:

Meine Intention für den Tag:

Ich bin dankbar für:

Um meine Ziele zu erreichen, werde ich heute:

1. ....

2. ....

3. ....

Besonders schöne Erlebnisse heute waren:

Das hätte ich heute besser machen können:

Meine wichtigste Erkenntnis von heute ist:

Meine Intention für den Tag:

Ich bin dankbar für:

Um meine Ziele zu erreichen, werde ich heute:

1. ....

2. ....

3. ....

Besonders schöne Erlebnisse heute waren:

Das hätte ich heute besser machen können:

Meine wichtigste Erkenntnis von heute ist:

Meine Intention für den Tag:

Ich bin dankbar für:

Um meine Ziele zu erreichen, werde ich heute:

1. ....

2. ....

3. ....

Besonders schöne Erlebnisse heute waren:

Das hätte ich heute besser machen können:

Meine wichtigste Erkenntnis von heute ist:

Meine Intention für den Tag:

Ich bin dankbar für:

Um meine Ziele zu erreichen, werde ich heute:

1. ....

2. ....

3. ....

Besonders schöne Erlebnisse heute waren:

Das hätte ich heute besser machen können:

Meine wichtigste Erkenntnis von heute ist:

Meine Intention für den Tag:

Ich bin dankbar für:

Um meine Ziele zu erreichen, werde ich heute:

1. ....

2. ....

3. ....

Besonders schöne Erlebnisse heute waren:

Das hätte ich heute besser machen können:

Meine wichtigste Erkenntnis von heute ist:

Meine Intention für den Tag:

Ich bin dankbar für:

Um meine Ziele zu erreichen, werde ich heute:

1. ....

2. ....

3. ....

Besonders schöne Erlebnisse heute waren:

Das hätte ich heute besser machen können:

Meine wichtigste Erkenntnis von heute ist:

Meine Intention für den Tag:

Checkliste
Tag visualisiert
Versprechen verkündet
ausreichend bewegt
2L+ getrunken
bewusst gegessen
Pausen gemacht
ausreichend geschlafen

Ich bin dankbar für:

Um meine Ziele zu erreichen, werde ich heute:

1. ....

2. ....

3. ....

Besonders schöne Erlebnisse heute waren:

Das hätte ich heute besser machen können:

Meine wichtigste Erkenntnis von heute ist:

Meine Intention für den Tag:

Ich bin dankbar für:

Um meine Ziele zu erreichen, werde ich heute:

1. ....

2. ....

3. ....

Besonders schöne Erlebnisse heute waren:

Das hätte ich heute besser machen können:

Meine wichtigste Erkenntnis von heute ist:

Meine Intention für den Tag:

Ich bin dankbar für:

Um meine Ziele zu erreichen, werde ich heute:

1. ....

2. ....

3. ....

Besonders schöne Erlebnisse heute waren:

Das hätte ich heute besser machen können:

Meine wichtigste Erkenntnis von heute ist:

Meine Intention für den Tag:

Ich bin dankbar für:

Um meine Ziele zu erreichen, werde ich heute:

1. ....

2. ....

3. ....

Besonders schöne Erlebnisse heute waren:

Das hätte ich heute besser machen können:

Meine wichtigste Erkenntnis von heute ist:

Meine Intention für den Tag:

Ich bin dankbar für:

Um meine Ziele zu erreichen, werde ich heute:

1. ....

2. ....

3. ....

Besonders schöne Erlebnisse heute waren:

Das hätte ich heute besser machen können:

Meine wichtigste Erkenntnis von heute ist:

Meine Intention für den Tag:

Ich bin dankbar für:

Um meine Ziele zu erreichen, werde ich heute:

1. ....

2. ....

3. ....

Besonders schöne Erlebnisse heute waren:

Das hätte ich heute besser machen können:

Meine wichtigste Erkenntnis von heute ist:

Meine Intention für den Tag:

Ich bin dankbar für:

Um meine Ziele zu erreichen, werde ich heute:

1. ....

2. ....

3. ....

Besonders schöne Erlebnisse heute waren:

Das hätte ich heute besser machen können:

Meine wichtigste Erkenntnis von heute ist:

Meine Intention für den Tag:

Ich bin dankbar für:

Um meine Ziele zu erreichen, werde ich heute:

1. ....

2. ....

3. ....

Besonders schöne Erlebnisse heute waren:

Das hätte ich heute besser machen können:

Meine wichtigste Erkenntnis von heute ist:

Meine Intention für den Tag:

Ich bin dankbar für:

Um meine Ziele zu erreichen, werde ich heute:

1. ....

2. ....

3. ....

Besonders schöne Erlebnisse heute waren:

Das hätte ich heute besser machen können:

Meine wichtigste Erkenntnis von heute ist:

Meine Intention für den Tag:

Checkliste

Tag visualisiert
Versprechen verkündet
ausreichend bewegt
2L+ getrunken
bewusst gegessen
Pausen gemacht
ausreichend geschlafen

Ich bin dankbar für:

Um meine Ziele zu erreichen, werde ich heute:

1. ....

2. ....

3. ....

Besonders schöne Erlebnisse heute waren:

Das hätte ich heute besser machen können:

Meine wichtigste Erkenntnis von heute ist:

Meine Intention für den Tag:

Ich bin dankbar für:

Um meine Ziele zu erreichen, werde ich heute:

1. ....

2. ....

3. ....

Besonders schöne Erlebnisse heute waren:

Das hätte ich heute besser machen können:

Meine wichtigste Erkenntnis von heute ist:

Meine Intention für den Tag:

Ich bin dankbar für:

Um meine Ziele zu erreichen, werde ich heute:

1. ....

2. ....

3. ....

Besonders schöne Erlebnisse heute waren:

Das hätte ich heute besser machen können:

Meine wichtigste Erkenntnis von heute ist:

Meine Intention für den Tag:

Ich bin dankbar für:

Um meine Ziele zu erreichen, werde ich heute:

1. ....

2. ....

3. ....

Besonders schöne Erlebnisse heute waren:

Das hätte ich heute besser machen können:

Meine wichtigste Erkenntnis von heute ist:

Meine Intention für den Tag:

Ich bin dankbar für:

Um meine Ziele zu erreichen, werde ich heute:

1. ....

2. ....

3. ....

Besonders schöne Erlebnisse heute waren:

Das hätte ich heute besser machen können:

Meine wichtigste Erkenntnis von heute ist:

Meine Intention für den Tag:

Ich bin dankbar für:

Um meine Ziele zu erreichen, werde ich heute:

1. ....

2. ....

3. ....

Besonders schöne Erlebnisse heute waren:

Das hätte ich heute besser machen können:

Meine wichtigste Erkenntnis von heute ist:

Meine Intention für den Tag:

Ich bin dankbar für:

Um meine Ziele zu erreichen, werde ich heute:

1. ....

2. ....

3. ....

Besonders schöne Erlebnisse heute waren:

Das hätte ich heute besser machen können:

Meine wichtigste Erkenntnis von heute ist:

Meine Intention für den Tag:

Checkliste

Tag visualisiert
Versprechen verkündet
ausreichend bewegt
2L+ getrunken
bewusst gegessen
Pausen gemacht
ausreichend geschlafen

Ich bin dankbar für:

Um meine Ziele zu erreichen, werde ich heute:

1. ....

2. ....

3. ....

Besonders schöne Erlebnisse heute waren:

Das hätte ich heute besser machen können:

Meine wichtigste Erkenntnis von heute ist:

Meine Intention für den Tag:

✓ *Checkliste*

Tag visualisiert
Versprechen verkündet
ausreichend bewegt
2L+ getrunken
bewusst gegessen
Pausen gemacht
ausreichend geschlafen

Ich bin dankbar für:

Um meine Ziele zu erreichen, werde ich heute:

1. ....

2. ....

3. ....

Besonders schöne Erlebnisse heute waren:

Das hätte ich heute besser machen können:

Meine wichtigste Erkenntnis von heute ist:

Meine Intention für den Tag:

Ich bin dankbar für:

Um meine Ziele zu erreichen, werde ich heute:

1. ....

2. ....

3. ....

Besonders schöne Erlebnisse heute waren:

Das hätte ich heute besser machen können:

Meine wichtigste Erkenntnis von heute ist:

Meine Intention für den Tag:

Ich bin dankbar für:

Um meine Ziele zu erreichen, werde ich heute:

1. ....

2. ....

3. ....

Besonders schöne Erlebnisse heute waren:

Das hätte ich heute besser machen können:

Meine wichtigste Erkenntnis von heute ist:

Meine Intention für den Tag:

✓ *Checkliste*

Tag visualisiert
Versprechen verkündet
ausreichend bewegt
2L+ getrunken
bewusst gegessen
Pausen gemacht
ausreichend geschlafen

Ich bin dankbar für:

Um meine Ziele zu erreichen, werde ich heute:

1. ....

2. ....

3. ....

Besonders schöne Erlebnisse heute waren:

Das hätte ich heute besser machen können:

Meine wichtigste Erkenntnis von heute ist:

Meine Intention für den Tag:

Ich bin dankbar für:

Um meine Ziele zu erreichen, werde ich heute:

1. ....

2. ....

3. ....

Besonders schöne Erlebnisse heute waren:

Das hätte ich heute besser machen können:

Meine wichtigste Erkenntnis von heute ist:

Meine Intention für den Tag:

Ich bin dankbar für:

Um meine Ziele zu erreichen, werde ich heute:

1. ....

2. ....

3. ....

Besonders schöne Erlebnisse heute waren:

Das hätte ich heute besser machen können:

Meine wichtigste Erkenntnis von heute ist:

Meine Intention für den Tag:

Ich bin dankbar für:

Um meine Ziele zu erreichen, werde ich heute:

1. ....

2. ....

3. ....

Besonders schöne Erlebnisse heute waren:

Das hätte ich heute besser machen können:

Meine wichtigste Erkenntnis von heute ist:

Meine Intention für den Tag:

Ich bin dankbar für:

Um meine Ziele zu erreichen, werde ich heute:

1. ....

2. ....

3. ....

Besonders schöne Erlebnisse heute waren:

Das hätte ich heute besser machen können:

Meine wichtigste Erkenntnis von heute ist:

Meine Intention für den Tag:

Ich bin dankbar für:

Um meine Ziele zu erreichen, werde ich heute:

1. ....

2. ....

3. ....

Besonders schöne Erlebnisse heute waren:

Das hätte ich heute besser machen können:

Meine wichtigste Erkenntnis von heute ist:

Meine Intention für den Tag:

Ich bin dankbar für:

Um meine Ziele zu erreichen, werde ich heute:

1. ....

2. ....

3. ....

Besonders schöne Erlebnisse heute waren:

Das hätte ich heute besser machen können:

Meine wichtigste Erkenntnis von heute ist:

Meine Intention für den Tag:

Ich bin dankbar für:

Um meine Ziele zu erreichen, werde ich heute:

1. ....

2. ....

3. ....

Besonders schöne Erlebnisse heute waren:

Das hätte ich heute besser machen können:

Meine wichtigste Erkenntnis von heute ist:

Meine Intention für den Tag:

Ich bin dankbar für:

Um meine Ziele zu erreichen, werde ich heute:

1. ....

2. ....

3. ....

Besonders schöne Erlebnisse heute waren:

Das hätte ich heute besser machen können:

Meine wichtigste Erkenntnis von heute ist:

Meine Intention für den Tag:

Ich bin dankbar für:

Um meine Ziele zu erreichen, werde ich heute:

1. ....

2. ....

3. ....

Besonders schöne Erlebnisse heute waren:

Das hätte ich heute besser machen können:

Meine wichtigste Erkenntnis von heute ist:

Meine Intention für den Tag:

Checkliste

Tag visualisiert
Versprechen verkündet
ausreichend bewegt
2L+ getrunken
bewusst gegessen
Pausen gemacht
ausreichend geschlafen

Ich bin dankbar für:

Um meine Ziele zu erreichen, werde ich heute:

1. ....

2. ....

3. ....

Besonders schöne Erlebnisse heute waren:

Das hätte ich heute besser machen können:

Meine wichtigste Erkenntnis von heute ist:

Meine Intention für den Tag:

Ich bin dankbar für:

Um meine Ziele zu erreichen, werde ich heute:

1. ....

2. ....

3. ....

Besonders schöne Erlebnisse heute waren:

Das hätte ich heute besser machen können:

Meine wichtigste Erkenntnis von heute ist:

Meine Intention für den Tag:

Ich bin dankbar für:

Um meine Ziele zu erreichen, werde ich heute:

1. ....

2. ....

3. ....

Besonders schöne Erlebnisse heute waren:

Das hätte ich heute besser machen können:

Meine wichtigste Erkenntnis von heute ist:

Meine Intention für den Tag:

Ich bin dankbar für:

Um meine Ziele zu erreichen, werde ich heute:

1. ....

2. ....

3. ....

Besonders schöne Erlebnisse heute waren:

Das hätte ich heute besser machen können:

Meine wichtigste Erkenntnis von heute ist:

Meine Intention für den Tag:

Checkliste

Tag visualisiert
Versprechen verkündet
ausreichend bewegt
2L+ getrunken
bewusst gegessen
Pausen gemacht
ausreichend geschlafen

Ich bin dankbar für:

Um meine Ziele zu erreichen, werde ich heute:

1. ....

2. ....

3. ....

Besonders schöne Erlebnisse heute waren:

Das hätte ich heute besser machen können:

Meine wichtigste Erkenntnis von heute ist:

Meine Intention für den Tag:

Ich bin dankbar für:

Um meine Ziele zu erreichen, werde ich heute:

1. ....

2. ....

3. ....

Besonders schöne Erlebnisse heute waren:

Das hätte ich heute besser machen können:

Meine wichtigste Erkenntnis von heute ist:

Mein Gewinn

Wow, jetzt ist schon ein halbes Jahr vergangen, seitdem das Erfolgstagebuch an deiner Seite ist. Denk noch einmal an deine ersten Tage mit dem Buch zurück, blättere gerne darin. Was hat sich alles getan? Wo bist du deinen Zielen schon ein Stück näher gekommen? Was hat sich verändert? Wie hast du dich verändert? Haben sich vielleicht auch deine Ziele verändert? Du kannst stolz auf dich sein! Feier deinen Erfolg und dann... mach weiter so, denn du bist auf dem richtigen Weg. *Build a life you're proud to live!*